Champagny, Duc de Cadore

RAPPORT

DU

MINISTRE DES RELATIONS EXTÉRIEURES

A SA MAJESTÉ

L'EMPEREUR ET ROI.

RAPPORT

DU MINISTRE DES RELATIONS EXTÉRIEURES.

Sire,

Votre Majesté a élevé la France au plus haut point de grandeur. Les victoires obtenues sur cinq coalitions successives, toutes fomentées par l'Angleterre, ont amené ces résultats; et l'on peut dire que la gloire, la puissance du grand Empire, nous les devons à l'Angleterre.

Dans toutes les occasions, votre Majesté a offert la paix; et sans chercher si elle serait plus avantageuse que la guerre, vous n'envisagiez, Sire, que le bonheur de la génération présente; et vous vous montriez toujours prêt à lui sacrifier les chances les plus heureuses de l'avenir.

C'est ainsi que les paix de Campo-Formio, de Lunéville et

d'Amiens, et postérieurement celles de Presbourg, de Tilsit et de Vienne, ont été conclues ; c'est ainsi que cinq fois VOTRE MAJESTÉ a fait à la paix le sacrifice de la plus grande partie de ses conquêtes. Plus jalouse d'illustrer son règne par la félicité publique, que d'étendre la domination de son Empire, VOTRE MAJESTÉ mettait des limites à sa propre grandeur, tandis que l'Angleterre, rallumant sans cesse le flambeau de la guerre, semblait conspirer contre ses alliés et contre elle-même, pour former cet Empire le plus grand qui ait existé depuis vingt siècles.

A la paix de 1783, la puissance de la France était forte du pacte de famille qui liait étroitement à sa politique l'Espagne et Naples.

25 mars 1802.

A l'époque de la paix d'Amiens, les forces respectives de trois grandes puissances s'étaient accrues de douze millions d'habitans. Les maisons de France et d'Espagne étaient essentiellement ennemies, et les peuples de ces États se trouvaient plus que jamais éloignés par leurs mœurs. Une des grandes puissances continentales avait moins perdu de force par la réunion de la Belgique à la France, qu'elle n'en avait acquis par la possession de Venise ; et les sécularisations du corps germanique avaient encore ajouté à la puissance de nos rivaux.

Ainsi, la France, après le traité d'Amiens, avait une force relative moindre qu'à la paix de 1783, et bien inférieure à celle à laquelle les victoires obtenues pendant les guerres des deux premières coalitions lui donnaient le droit de prétendre.

Cependant à peine ce traité fut-il conclu, que la jalousie de l'Angleterre se montra vivement excitée. Elle s'alarma de la richesse et de la prospérité intérieure toujours croissante de la France, et elle espéra qu'une troisième coalition arracherait à votre couronne la Belgique, les provinces du Rhin et l'Italie. La paix d'Amiens fut violée. Une troisième coalition se forma : trois mois après elle fut dissoute par le traité de Presbourg.

16 mai 1803.
29 décembre 1805.

L'Angleterre vit toutes ses espérances trompées. Venise, la Dalmatie, l'Istrie, toutes les côtes de l'Adriatique, et celles du royaume de Naples passèrent sous la domination française. Le corps germanique, établi sur des principes contraires à ceux qui ont fondé l'Empire français, s'écroula, et le système de la confédération du Rhin fit des alliés intimes et nécessaires des mêmes peuples qui, dans les deux premières coalitions, avaient marché contre la France, et les unit indissolublement à elle par des intérêts communs.

La paix d'Amiens devint alors en Angleterre l'objet des regrets de tous les hommes d'État. Les nouvelles acquisitions de la France, que désormais on n'espérait pas de lui ravir, rendaient plus sensible la faute qu'on avait commise, et en démontraient toute l'étendue.

Un homme éclairé qui, pendant le court intervalle de la paix d'Amiens, était venu à Paris et avait appris à connaître la France et VOTRE MAJESTÉ, parvint à la tête des affaires en Angleterre. Cet homme qui avait du génie, comprit la situation des deux pays. Il vit qu'il n'était plus au pouvoir d'aucune puissance de faire rétrograder la France, et que la véritable politique consistait à l'arrêter. Il sentit que, par les succès obtenus contre la troisième coalition, la question avait été déplacée et qu'il ne fallait plus penser à disputer à la France des possessions qu'elle venait d'acquérir par la victoire; mais qu'on devait, par une prompte paix, prévenir de nouveaux agrandissemens que la continuation de la guerre rendrait inévitables. Ce ministre ne se dissimulait aucun des avantages que la France avait recueillis de la fausse politique de l'Angleterre; mais il avait sous les yeux ceux qu'elle pouvait en recueillir encore. Il croyait que l'Angleterre gagnerait beaucoup, si aucune des puissances du continent ne perdait plus. Il mettait sa politique à désarmer la France, à faire reconnaître la confédération du nord de l'Allemagne en opposition à la confédération du Rhin. Il sentait que la Prusse ne pouvait être sauvée que par la paix, et que du sort de cette puissance dépendait le système de la Saxe, de la Hesse et le sort des embouchures de l'Ems, de l'Jade, du Weser, de l'Elbe, de l'Oder et de la Vistule, débouchés nécessaires au commerce anglais. En homme supérieur, *Fox* ne se livra pas à des regrets inutiles sur la rupture du traité d'Amiens; et sur des pertes désormais irréparables. Il voulut en prévenir de plus grandes, et il envoya lord *Lauderdale* à Paris.

Août 1806.

Les négociations s'entamèrent, et tout en faisait présager l'heureuse issue, lorsque *Fox* mourut.

13 septembre 1806.

Elles ne firent plus que languir. Les ministres n'étaient ni assez éclairés ni assez de sang-froid pour sentir la nécessité de la paix. La Prusse, poussée par cet esprit que l'Angleterre soufflait dans toute l'Europe, mit ses troupes en marche. La garde impériale eut ordre de partir : lord *Lauderdale* parut effrayé des conséquences des nouveaux événemens qui se préparaient. Il fut question de signer le traité, d'y comprendre la Prusse, et de reconnaître la confédération du nord de l'Allemagne. VOTRE MAJESTÉ, par cet esprit de modération dont elle a donné de si fréquens exemples à l'Europe, y consentit. Le départ de la garde impériale fut différé de quelques jours; mais lord *Lauderdale* hésita : il crut devoir envoyer un courrier à sa cour, et ce courrier lui rapporta l'ordre de son rappel. (1). Peu de jours après, la Prusse n'existait plus comme puissance prépondérante.

30 septembre 1806.
14 octobre 1806.

La postérité marquera cette époque comme une des plus décisives de l'histoire de l'Angleterre et de celle de la France.

7 juillet 1807.

Le traité de Tilsit termina la quatrième coalition.

---

(1) *Voyez* la négociation de lord *Lauderdale*, pièce n.° 1, page 15.

Deux grands souverains, naguères ennemis, se réunirent pour offrir la paix à l'Angleterre; mais cette puissance, qui malgré tous ses pressentimens, n'avait pu se déterminer à souscrire à des conditions qui laissaient la France dans une position plus avantageuse que celle où elle s'était trouvée après le traité d'Amiens, ne voulut point ouvrir des négociations dont le résultat inévitable assurait à la France une position bien plus avantageuse encore (1). Nous avons refusé, disait-on en Angleterre, un traité qui maintenait dans l'indépendance de la France le nord de l'Allemagne, la Prusse, la Saxe, la Hesse, le Hanovre, et qui garantissait tous les débouchés de notre commerce; comment pourrions-nous consentir aujourd'hui à signer avec l'Empereur des Français, lorsqu'il vient d'étendre la confédération du Rhin jusqu'au nord de l'Allemagne, et de fonder sur les bords de l'Elbe un trône français, une paix qui, par la force des choses et quelles que fussent les stipulations admises, laisserait sous son influence le Hanovre et tous les débouchés du Nord, ces principales artères de notre commerce?

Les hommes qui envisageaient de sang froid la situation de l'Angleterre, répondaient : Deux coalitions dont chacune devait durer dix ans, ont été vaincues en peu de mois; les nouveaux avantages acquis par la France sont la suite de ces événemens, et l'Angleterre ne peut plus s'y opposer : sans doute il n'aurait pas fallu violer le traité d'Amiens. Il eût fallu depuis adhérer à la politique de *Fox*. Profitons du moins aujourd'hui des leçons de l'expérience, et évitons une troisième faute. Au lieu de jeter les regards en arrière, portons-les vers l'avenir : la peninsule est encore entière et dirigée par des Gouvernemens secrètement ennemis de la France. Jusqu'à ce jour, la faiblesse des ministres espagnols et les sentimens personnels du vieux Monarque ont retenu l'Espagne dans le système

---

(1) *Voyez* les pièces de la négociation après la paix de Tilsit, page 25.

de la France. Un nouveau règne développera les germes de la haine entre les deux nations. Le pacte de famille a été anéanti, et c'est un des avantages que la révolution a procurés à l'Angleterre. La Hollande, quoique gouvernée par un Prince français, jouit de son indépendance : son intérêt est de demeurer l'intermédiaire de notre commerce avec le continent, et de le favoriser pour participer à nos profits. N'avons-nous pas à craindre, si la guerre continue, que la France n'établisse son influence sur la péninsule et ses douanes en Hollande ?

Tel était le langage des hommes qui savaient pénétrer dans les secrets de l'avenir. Ils virent avec douleur refuser la paix proposée par la Russie. Ils ne doutèrent pas que le continent tout entier ne fût bientôt enlevé à l'Angleterre, et qu'un ordre de choses, qu'il était si important de prévenir, ne s'établît en Espagne et en Hollande.

Sur ces entrefaites, l'Angleterre exigea de la maison de Bragance qu'elle quittât la péninsule et se réfugiât au Bresil. Les partisans du ministère anglais semèrent la division parmi les princes de la maison d'Espagne. La dynastie qui régnait fut éloignée pour toujours ; et en conséquence des dispositions faites à Baïonne, un nouveau souverain, ayant avec la France une puissance et une origine communes, fut appelé au gouvernement de l'Espagne.

16 juin 1808.

Octobre 1808.

L'entrevue d'Erfurth donna lieu à de nouvelles propositions de paix ; mais elles furent aussi repoussées (1). Le même esprit qui avait fait rompre les négociations du lord *Lauderdale*, dirigeait les affaires en Angleterre.

13 avril 1809.

La cinquième coalition éclata. Ces nouveaux événemens tour-

―――――――

(1) *Voyez* les pièces de la négociation après l'entrevue d'Erfurth, page 34.

nèrent encore à l'avantage de la France. Les seuls ports par lesquels l'Angleterre conservait une communication avouée avec le continent, passèrent, avec les Provinces Illyriennes, au pouvoir de VOTRE MAJESTÉ, par le traité de Vienne, et les alliés de l'Empire virent s'accroître leur puissance. 14 octobre 1809.

Les arrêts rendus par le conseil britannique, avaient bouleversé les lois du commerce du monde ; l'Angleterre, dont l'existence toute entière est attachée au commerce, jetait ainsi le désordre parmi le commerce des nations. Elle en avait déchiré tous les priviléges. Les décrets de Berlin et de Milan repoussèrent ces nouveautés monstrueuses. La Hollande se trouva dans une position difficile ; son Gouvernement n'avait pas une action assez énergique, ses douanes offraient trop peu de sécurité, pour que ce centre du commerce du continent demeurât plus long-temps isolé de la France. VOTRE MAJESTÉ, pour l'intérêt de ses peuples et pour assurer l'exécution du système qu'elle opposait aux actes tyranniques de l'Angleterre, se vit forcée de changer le sort de la Hollande. Cependant VOTRE MAJESTÉ constante dans son système et dans son desir de la paix, fit entendre à l'Angleterre qu'elle ne pouvait sauver l'indépendance de la Hollande, qu'en rapportant ses arrêts du conseil ou en adoptant des vues pacifiques. Les ministres d'une nation commerçante traitèrent avec légèreté une ouverture d'un si grand intérêt pour son commerce. Ils répondirent que l'Angleterre ne pouvait rien au sort de la Hollande. Dans les illusions de leur orgueil, ils méconnurent les motifs de cette démarche ; ils feignirent d'y voir l'aveu de l'efficacité de leurs arrêts du conseil, et la Hollande fut réunie (1). Puisqu'ils l'ont voulu, SIRE, je crois utile aujourd'hui, 16 mars 1806, 7 janvier et 11 novembre 1807.

9 juillet 1810.

---

(1) Voyez les pièces intitulées *Démarche du ministère hollandais*, page 53.

et je propose à VOTRE MAJESTÉ de consolider cette réunion par les formes constitutionnelles d'un sénatus-consulte.

La réunion des Villes anséatiques, du Lawenbourg, et de toutes les côtes depuis l'Elbe jusqu'à l'Ems, est commandée par les circonstances. Ce territoire est déjà sous la domination de VOTRE MAJESTÉ.

Les immenses magasins d'Héligoland menaceraient toujours de s'écouler sur le continent, si un seul point restait ouvert au commerce anglais sur les côtes de la mer du Nord, et si les embouchures de l'Jade, du Weser et de l'Elbe ne lui étaient pas fermées pour jamais.

Les arrêts du conseil britannique ont entièrement détruit les privilèges de la navigation des neutres, et VOTRE MAJESTÉ ne peut plus approvisionner ses arsenaux et avoir une route sûre pour son commerce avec le Nord qu'au moyen de la navigation intérieure. La réparation et l'agrandissement du canal déjà existant entre Hambourg et Lubeck, et la construction d'un nouveau canal qui joindra l'Elbe au Weser et le Weser à l'Ems, et qui n'exigera que quatre à cinq ans de travaux et une dépense de quinze à vingt millions dans un pays où la nature n'offre pas d'obstacles, ouvriront aux négocians français une voie économique, facile et à l'abri de tout danger. Votre Empire pourra commercer en tout temps avec la Baltique, envoyer dans le Nord les produits de son sol et de ses manufactures, et en tirer les productions nécessaires à la marine de VOTRE MAJESTÉ.

Les pavillons de Hambourg, de Brême et de Lubeck qui errent aujourd'hui sur les mers, dénationalisés par les arrêts du conseil britannique, partageront le sort du pavillon français, et concourront avec lui, pour l'intérêt de la cause commune, au rétablissement de la liberté des mers.

La paix arrivera enfin; car tôt ou tard les grands intérêts des peuples, de la justice et de l'humanité, l'emportent sur les passions et sur la haine; mais l'expérience de soixante années nous a appris que la paix avec l'Angleterre ne peut jamais donner au commerce qu'une sécurité trompeuse. En 1756, en février 1793, en 1801 à l'égard de l'Espagne, comme en mai 1803 à l'époque de la violation du traité d'Amiens, l'Angleterre commença les hostilités avant d'avoir déclaré la guerre. Des bâtimens qui naviguaient sur la foi de la paix furent surpris; le commerce fut dépouillé; des citoyens paisibles perdirent leur liberté, et les ports de l'Angleterre se remplirent de ses honteux trophées. Si de tels exemples devaient se renouveler un jour, les voyageurs, les négocians anglais, leurs propriétés et leurs personnes saisies dans nos ports depuis la mer Baltique jusqu'au golfe Adriatique, répondraient de ces attentats; et si le Gouvernement anglais, pour faire oublier au peuple de Londres l'injustice de la guerre, lui donnait encore le spectacle de ces prises faites au mépris du droit des nations, il aurait aussi à lui montrer les pertes qui en seraient la conséquence.

SIRE, aussi long-temps que l'Angleterre persistera dans ses arrêts du conseil, VOTRE MAJESTÉ persistera dans ses décrets. Elle opposera au blocus des côtes le blocus continental, et au pillage sur les mers la confiscation des marchandises anglaises sur le continent.

Il est de mon devoir de le dire à VOTRE MAJESTÉ: elle ne peut espérer désormais de ramener ses ennemis à des idées plus modérées que par sa persévérance dans ce système. Il en doit résulter un tel état de mal-aise pour l'Angleterre, qu'elle sera forcée de reconnaître enfin qu'on ne peut violer les droits des neutres sur les mers et en réclamer la protection sur le continent; que l'unique source de ses maux est dans ses arrêts du conseil, et que cet agrandissement de la France qui long-temps excitera son dépit et sa jalousie, elle le doit aux passions aveugles de ceux qui, violant le traité d'Amiens, rompant la négociation de Paris, rejetant les propositions de Tilsit et d'Erfurth, dédaignant les ouvertures faites avant la réunion de la Hollande, ont porté les derniers coups à son commerce et à sa puissance, et conduit votre Empire à l'accomplissement de ses hautes destinées.

Je suis avec respect,

SIRE,

De VOTRE MAJESTÉ impériale et royale,

Le très-fidèle et très-dévoué serviteur et sujet,

CHAMPAGNY Duc de CADORE.

Paris, 8 Décembre 1810.

RECUEIL

DE PIÈCES

RELATIVES AUX NÉGOCIATIONS

AVEC L'ANGLETERRE.

Les pièces relatives aux négociations entreprises avec l'Angleterre, avant la guerre de Prusse, ont déjà été publiées. La dernière de ces publications, faite en octobre 1806, est celle de la négociation entamée à Paris par lord *Yarmouth,* ensuite continuée et rompue par lord *Lauderdale.* Mais cette publication, ne comprenant que les notes officielles échangées entre les plénipotentiaires respectifs, n'a pas fait suffisamment connaître les circonstances qui ont accompagné la rupture. L'extrait du compte des deux dernières conférences entre les deux plénipotentiaires français et anglais, qui fut rendu dans le temps au ministre des relations extérieures, parti alors de Paris à la suite de SA MAJESTÉ, atteint mieux ce but. On y verra que l'Angleterre a pu empêcher la guerre de Prusse, et qu'elle ne l'a pas voulu, et que c'est en vain que les résultats de cette campagne et l'augmentation de puissance qu'elle devait donner à la France, ont été annoncés à son plénipotentiaire : le Gouvernement anglais a voulu en courir les risques.

Quatre ans plus tard, il a pu également sauver la Hollande. On verra, dans les pièces d'une négociation que le ministère hollandais essaya d'ouvrir avec le Gouvernement britannique, que l'Angleterre a préféré la continuation de la guerre à l'indépendance de la Hollande, comme il l'avait préférée au salut de la Prusse.

La France n'a donc été conduite au degré de grandeur où elle est parvenue que, par l'obstination de l'Angleterre à prolonger cette guerre qu'elle déclare devoir être perpétuelle. Chaque époque où elle a rejeté la paix, est devenue pour la France une époque de gloire et d'accroissement de puissance.

I.

NÉGOCIATION DU LORD LAUDERDALE.

N.º 1.

EXTRAIT du Compte rendu au Ministre des relations extérieures par le Plénipotentiaire français.

Paris, le 26 Septembre 1806.

MONSIEUR,

.... D'après l'autorisation que m'en avait donnée sa Majesté l'Empereur, *j'ai déclaré à lord* Lauderdale *qu'une paix signée et ratifiée promptement avant que les opératious militaires eussent acquis une certaine importance, pouvait sur-le-champ en arrêter le cours*, et qu'il se trouvait en position de jouer et de faire jouer à l'Angleterre le beau rôle de pacificateur du continent; rôle d'autant plus beau, que l'Angleterre acquerrait par-là le mérite de sauver une puissance contre laquelle elle est actuellement en guerre, mais dont son intérêt lui prescrit cependant de protéger l'existence. Lord *Lauderlale* a paru sentir la noblesse de cette proposition, et ce qu'elle a d'avantageux pour son pays. J'ai ajouté qu'il n'y avait qu'un moment pour cela; qu'une fois la guerre commencée, il fallait de part et d'autre en courir les chances, et que ni lui ni moi ne pouvions prévoir où la fortune de la France et le génie de son Chef pourraient porter nos armes, notre influence et notre gloire.

C'est en réfléchissant sur cette déclaration, et en se rappelant ma réponse sur l'impossibilité de céder la Dalmatie, que lord *Lauderdale* m'a dit qu'il enverrait un courrier à sa cour; et il m'a demandé une seconde conférence.

Cette seconde conférence a eu lieu aujourd'hui à deux heures. Lord *Lauderdale* avait reçu un courrier de Londres, qui lui avait apporté la nouvelle de la composition du ministère, et des instructions relatives à la négociation. Mylord s'est montré plus invariable que jamais dans les propositions qu'il avait mises en avant et dans sa résolution de demander ses passe-ports : il m'a rappelé *la déclaration que je lui avais faite de l'impossibilité d'arrêter par la paix la marche de l'armée française prête à entrer en campagne.* Ce que vous m'avez déclaré, m'a-t-il dit, je vous l'aurais demandé au nom de mon Gouvernement; j'en avais reçu l'ordre; mais je n'en rendrai pas moins au Gouvernement français cette justice, que c'est lui qui a fait volontairement cette déclaration.

(C'est immédiatement après cette conférence que lord *Lauderdale* écrivit au ministre des relations extérieures la note suivante.)

N.° 2.

Paris, le 26 Septembre 1810.

A son Exc. M. de Talleyrand, *Ministre des relations extérieures.*

MONSIEUR,

Je ne perds pas un moment à faire connaître à votre Excellence que le résultat de la conférence que j'ai eue aujourd'hui avec son Exc. M. *de Champagny*, ne me laisse malheureusement aucun espoir de pouvoir amener les négociations, de la part de la Grande-Bretagne et de la Russie, à une issue favorable. Dans cet état de choses, et d'après mes instructions, il ne me reste d'autre parti à prendre que de m'adresser à votre Excellence pour les passe-ports nécessaires, afin que je puisse retourner auprès de mon souverain.

En faisant ainsi cette demande à votre Excellence, je ne saurais me refuser au plaisir que je ressens à témoigner ma reconnaissance de toutes les attentions personnelles que votre Excellence a bien voulu me marquer pendant mon séjour à Paris, et à exprimer en même temps les sentimens d'estime que j'ai toujours ressentis et que je ressentirai dans tous les temps pour votre Excellence.

Signé LAUDERDALE.

N.º 3.

A son Excellence Mylord Lauderdale.

Mayence, le 30 Septembre 1806.

LE soussigné, ministre des relations extérieures, a mis sous les yeux de sa Majesté l'Empereur et Roi, la note que son Excellence mylord comte *Lauderdale* lui a fait l'honneur de lui adresser, le 26 de ce mois.

Sa Majesté, après s'être prêtée, dans le desir de la paix, à toutes les propositions qui auraient pu la rendre durable et respectivement utile aux deux Puissances contractantes et à leurs alliés, verra avec peine la rupture d'une négociation dont ses dispositions personnelles lui avaient fait espérer d'autre résultat. Si le cabinet anglais veut renoncer à la perspective de la paix, si son ministre plénipotentiaire doit quitter la France, sa Majesté se flatte cependant que le cabinet anglais et lord *Lauderdale*, lorsqu'ils mesureront l'étendue des sacrifices qu'elle était disposée à faire pour avancer le retour d'une sincère réconciliation, auront la conviction intime que sa Majesté voulait, pour le bonheur du monde, ne mettre en balance aucun avantage avec ceux de la paix, et que l'intention d'en assurer les bienfaits à ses peuples pouvait seule décider son cœur paternel à des sacrifices non-seulement d'amour propre, mais de puissance plus considérable que ne l'aurait indiqué l'opinion même du peuple anglais, au milieu d'une guerre où il aurait obtenu, sans aucun mélange de revers, de constans avantages.

Toutefois, s'il était dans la destinée de l'Empereur et du peuple français de vivre encore au milieu des guerres et des orages que la politique et l'influence de l'Angleterre auraient suscités, sa Majesté, après avoir tout fait pour mettre un terme aux maux de la guerre, se voyant déçue dans ses plus chères espérances, compte sur la justice de sa cause, sur le courage, l'amour, la puissance de ses peuples.

Mais, se rappelant encore les dispositions qu'elle avait toujours exprimées dans le cours de la négociation, sa Majesté ne peut voir qu'avec regret que l'Angleterre, qui pouvait illustrer sa vaste puissance par le bienfait de la paix, dont le besoin se fait sentir à la génération actuelle et au peuple anglais, comme à tous les autres, en laisse volontairement échapper la plus belle occasion. L'avenir fera connaître si une coalition nouvelle sera plus contraire à la France que les trois premières. L'avenir dévoilera si ceux qui se plaignent de la grandeur et de l'ambition de la France n'ont pas à imputer à leur haine, à leur injustice, et la grandeur et l'ambition dont ils l'accusent. La France ne s'est agrandie que par les efforts renouvelés tant de fois pour l'opprimer.

Néanmoins, quelles que soient les inductions que l'on puisse tirer pour l'avenir du passé, sa Majesté sera prête, si les négociations avec l'Angleterre doivent être rompues, à les reprendre, au milieu de toutes les chances des événemens; elle sera prête à les rétablir sur les bases posées de concert avec l'illustre ministre que l'Angleterre a perdu, et qui, n'ayant plus rien à ajouter à sa gloire pour le rapprochement des deux peuples, en avait conçu l'espérance, et a été enlevé au monde au milieu de son ouvrage.

Le soussigné a l'honneur de prévenir son Excellence mylord comte *Lauderdale* que M. *de Champagny* a été autorisé à lui délivrer les passe-ports qu'il lui a demandés.

Il saisit l'occasion de lui renouveler l'assurance de sa haute considération.

Signé Ch. Mau. TALLEYRAND.

II.
NÉGOCIATION APRÈS LA PAIX DE TILSIT.

Traduction de la Réponse de M. Canning *à la notification à lui faite par M.* d'Alopeus, *du Traité de Tilsit, et de l'offre de la médiation de la Russie avec l'aveu de la France.*

M. *George Canning,* secrétaire d'état, &c. à M. *Alopeus.*

Le soussigné, secrétaire d'état de sa Majesté britannique au département des affaires étrangères, n'a mis aucun délai à faire connaître au Roi son maître la note qui lui a été présentée par M. *Alopeus,* ministre plénipotentiaire de sa Majesté l'Empereur de toutes les Russies, dans laquelle M. *Alopeus,* par ordre de sa cour, notifie au Gouvernement britannique la conclusion à Tilsit, le $\frac{25\ juin}{7\ juillet}$, d'un traité de paix entre la Russie et la France, et annonce en même temps l'offre de médiation de sa Majesté impériale pour la conclusion d'un traité de paix entre la Grande-Bretagne et la France, et l'adhésion du Gouvernement français à cette offre de médiation.

Le soussigné a ordre du Roi son maître, de déclarer que l'Empereur de Russie rend justice aux sentimens du Roi, lorsque sa Majesté impériale ne met point en doute que le Roi ne soit disposé à contribuer au rétablissement d'une paix générale, telle qu'elle puisse assurer le repos de l'Europe. Sa Majesté a donné tout récemment des preuves non équivoques de cette disposition, soit dans la réponse qui a été faite au nom de sa Majesté à l'offre de médiation de l'Empereur d'Autriche, soit lorsque sa Majesté a déclaré qu'elle était prête d'accéder à la convention conclue à Bartenstein, le 23 d'avril, entre l'Empereur de Russie et le Roi de Prusse, et dans les instructions que le soussigné transmit, par ordre de sa Majesté, à l'ambassadeur de sa Majesté à la cour de Saint-Pétersbourg, à la nouvelle des derniers événemens désastreux en Pologne, lesquelles instructions enjoignaient à cet ambassadeur de signifier aux ministres de l'Empereur de Russie que sa Majesté était toute prête à entrer, de concert avec son auguste allié, en toute négociation que l'Empereur de Russie trouverait à propos d'ouvrir pour le rétablissement d'une paix générale.

Toujours dans les mêmes sentimens et la même disposition, sa Majesté déclare qu'elle ne s'en départira aucunement.

En conséquence, le soussigné a ordre de sa Majesté d'assurer M. *Alopeus* que sa Majesté attend avec la plus vive sollicitude la communication des articles du traité conclu à Tilsit, et l'explication de ces principes justes et honorables d'après lesquels sa Majesté impériale exprime sa croyance, que la France est disposée à conclure la paix avec la Grande-Bretagne.

Sa Majesté s'attend à trouver dans les stipulations du traité de Tilsit et dans les principes sur lesquels on représente la France comme prête à négocier, un caractère tel qu'il fournisse à sa Majesté de justes espérances d'arriver à une paix qui concilie la sécurité et l'honneur.

Dans ce cas, sa Majesté se prévaudra avec empressement de l'offre de médiation de sa Majesté l'Empereur de Russie.

Mais jusqu'à ce que sa Majesté ait reçu ces communications importantes et nécessaires, il est évidemment impossible que le soussigné soit autorisé à fournir une réponse plus positive à la note présentée par M. *Alopeus*.

Le soussigné prie &c.

Signé GEORGE CANNING.

Bureau des affaires étrangères, 5 Août 1807.

III.

Correspondance de M. le Prince DE STARHEMBERG, Ambassadeur d'Autriche, avec le Ministère anglais, à la fin de 1807.

N.° 1.

Note du Prince de Starhemberg *à M.* Canning.

Londres, le 20 Novembre 1807.

Le soussigné a l'honneur d'informer son Ex. M. le secrétaire d'état pour le département des affaires étrangères, qu'il vient de recevoir l'ordre positif de sa cour de faire au ministère britannique les représentations les plus urgentes sur l'importance dont il serait de voir cesser la lutte qui existe encore entre l'Angleterre et la France, et dont les effets produisent les conséquences les plus fatales pour tout le reste de l'Europe. Sa Majesté l'Empereur et Roi, animé du desir constant de travailler au repos et à la tranquillité, n'hésite pas à demander officiellement et avec instance à sa Majesté britannique, de vouloir bien lui déclarer sincèrement ses intentions à cet égard, en lui manifestant ses dispositions à entrer en négociation pour une paix maritime, sur des bases convenables aux intérêts réciproques des puissances qui y prennent part.

Le cabinet de Saint-James s'est expliqué trop souvent sur son desir du rétablissement de la paix, pour que le soussigné ne se flatte pas d'en obtenir dans cette occasion l'assurance formelle desirée par sa cour, qui acheverait de prouver à toutes les nations de l'Europe la sincérité des vues pacifiques de l'Angleterre.

Le soussigné profite de cette occasion pour prier son Excellence le secrétaire d'état d'agréer l'hommage de sa haute considération.

Signé le Prince DE STARHEMBERG.

N.° 2.

TRADUCTION *de la Lettre de M. G.* Canning, *du 23 Novembre 1807, adressée au Prince de Starhemberg.*

LE soussigné, premier secrétaire d'état de sa Majesté pour le département des affaires étrangères, a mis sous les yeux du Roi son maître la note officielle qui lui a été remise par le prince de Starhemberg, envoyé extraordinaire et ministre plénipotentiaire de sa Majesté impériale l'Empereur d'Autriche, et dans laquelle le prince de Starhemberg exprime, par ordre de sa cour, les vœux ardens de sa Majesté impériale pour la cessation de la lutte actuelle entre la Grande-Bretagne et la France, et demande une déclaration formelle et sincère des sentimens de sa Majesté à cet égard.

Sa Majesté ayant fait connaître tout récemment et à diverses fois la disposition où elle est et le desir qu'elle a d'entrer en négociation pour traiter de la paix sur des bases qui la rendent sûre et honorable, et cette déclaration ayant été faite au Gouvernement autrichien de la manière la plus régulière et la plus authentique, dans la réponse que le soussigné a reçu ordre de faire, dans le mois d'avril dernier, à l'offre officielle de la médiation de sa Majesté impériale par l'organe du prince de Starhemberg, et dans celle qui, par l'ordre de sa Majesté, a été faite à une offre semblable qui a eu lieu de la part de l'Empereur de Russie, réponse qui a été communiquée à la cour de Vienne, sa Majesté ne peut se défendre d'un sentiment de surprise en voyant se renouveler la demande d'une déclaration

de

de sentimens qui ont été depuis si long-temps et si formellement communiqués à la cour de Vienne.

Sa Majesté ne croit pas qu'il soit nécessaire de rien ajouter à ces déclarations pour prouver aux nations de l'Europe une sincérité que les nations de l'Europe ne sauraient mettre en doute. Mais pour satisfaire aux desirs si vivement exprimés d'une puissance amie, qui semble en faire l'objet d'une sollicitude particulière, sa Majesté est disposée à renouveler encore les assurances qu'elle a si souvent données, et sa Majesté déclare qu'elle est actuellement, comme elle a toujours été, prête à entrer en négociation pour traiter de la paix sur les bases d'une parfaite égalité d'intérêts respectifs entre les puissances belligérantes, et d'une manière conforme à la fidélité que sa Majesté doit à ses alliés, et telle enfin qu'elle donne à l'Europe tranquillité et sécurité.

Signé GEORGE CANNING.

Bureau des affaires étrangères, 23 Novembre 1807.

N.° 3.

COPIE d'une Note de M. le Prince de Starhemberg à M. Canning.

Londres, le 1.er Janvier 1808.

LE soussigné, obéissant aux ordres de sa cour, en se conformant aux desirs de celle des Tuileries, a l'honneur d'informer M. le secrétaire d'état pour le département des affaires étrangères, qu'en conséquence des dispositions pacifiques de sa Majesté britannique énoncées dans la réponse donnée le 23 novembre dernier à sa note officielle du 20 du même mois, il est chargé de proposer au ministère anglais d'envoyer immédiatement des plénipotentiaires à Paris pour y traiter du rétablissement de la paix entre toutes les puissances actuellement en guerre avec l'Angleterre. Cette invitation franche et sans détour doit donner la preuve certaine de la bonne foi et de l'intention sincère de la France de faire cesser le fléau de la guerre; et c'est avec empressement que sa Majesté impériale se prête à être l'intermédiaire d'un résultat aussi desirable. On aime à se flatter que la cour de Londres ne balancera pas à reconnaître dans cette occasion l'importance de la proposition qui lui est faite, et qu'elle se prêtera à donner un nouveau témoignage de la volonté qu'elle a prononcée si souvent de rendre le repos au reste de l'Europe, en nommant des négociateurs qu'elle chargera des grands intérêts à discuter. Pour éviter toute espèce de retard, le soussigné est autorisé par la France à donner des passeports aux ministres que le cabinet de Saint-James choisira à cet effet. La manière dont ces ouvertures sont soumises à la cour de Londres, et les mesures que l'on prend pour en réaliser l'exécution, acheveront de démontrer l'esprit de conciliation qui les a dictées.

N.º 4.

COPIE d'une Note de M. Canning au Prince de Starhemberg.

Londres, le 8 Janvier 1808.

LE soussigné, premier secrétaire d'état de sa Majesté pour les affaires étrangères, a présenté au Roi son maître la note à lui remise le 2 de ce mois par le prince de *Starhemberg*, envoyé extraordinaire et ministre plénipotentiaire de sa Majesté l'Empereur d'Autriche.

En déclarant qu'il était chargé de proposer au Gouvernement britannique d'envoyer des plénipotentiaires à Paris, le prince *Starhemberg* a omis d'expliquer s'il avait reçu cette commission de l'Empereur son maître ou du Gouvernement français. Si le prince *Starhemberg* a, dans cette circonstance, agi d'après l'ordre spécial et immédiat de sa cour, et si la proposition faite à sa Majesté d'envoyer à Paris des plénipotentiaires doit être considérée comme provenant de Vienne, le soussigné a ordre d'exprimer le sentiment pénible avec lequel sa Majesté a vu combien peu on avait eu égard, en formant cette proposition, à la correspondance qui avait déjà eu lieu entre les cours de Vienne et de Londres au sujet d'une négociation pour la paix ; lorsqu'on avait laissé écouler un si long espace de temps depuis l'acceptation faite par sa Majesté au mois d'avril dernier de l'offre de la médiation de sa Majesté impériale. Sa Majesté pouvait à peine s'attendre à ce que cette même offre fût répétée (si toutefois la note du prince *de Starhemberg* peut en être regardée comme la répétition), sans qu'on y joignît la plus légère notification de l'acceptation des conditions que sa Majesté avait déclarées devoir être le préliminaire indispensable de l'ouverture de la négociation.

Et attendu que la note du soussigné, sous la date du 23 novembre dernier, est indiquée comme base de la proposition actuelle par le prince *Starhemberg*, sa Majesté remarque avec surprise que cette proposition n'a cependant de rapport qu'aux puissances qui sont engagées avec la France dans la guerre contre la Grande-Bretagne, sans comprendre les alliés de la Grande-Bretagne en guerre avec la France.

Si, d'un autre côté, la cour de Vienne n'a de part à la démarche du prince *de Starhemberg* qu'une simple autorisation de recevoir et de transmettre au Gouvernement britannique les communications dont la France jugerait à propos de le charger, dans ce cas le soussigné a ordre de faire observer au prince *Starhemberg*, que, quoique le caractère dont il est revêtu par sa cour et les *formalités* par lesquelles il a été accrédité auprès de sa Majesté, doivent lui mériter une entière confiance dans l'exercice des fonctions diplomatiques qu'il remplit au nom de l'Empereur son maître ; cependant, lorsqu'il déclare parler au nom d'une autre puissance, la cour à laquelle il s'adresse ne croit pas devoir admettre une communication semblable, et en faire la base d'une mesure publique et importante, à moins qu'il ne lui soit présenté une autorisation précise à cet effet, et un document spécial et authentique.

D'après la teneur de la note du prince *Starhemberg*, il paraît que la note du soussigné du 23 novembre a été communiquée au Gouvernement français. Le Gouvernement français est donc muni d'un gage solennel et authentique des dispositions pacifiques de sa Majesté. Il en résulte que sa Majesté a le droit d'attendre un gage également solennel et authentique des dispositions réciproques de la France, avant que l'on exige d'elle des explications ultérieures.

La proposition faite à sa Majesté, d'envoyer des négociateurs à Paris, sans qu'il soit fait mention d'une réciprocité de mesures précises et ostensibles de la part de la France sur les déclarations déjà faites au nom de sa Majesté, est si éloignée de fournir la preuve d'une disposition réciproque, qu'elle ne peut être considérée par sa Majesté que comme renfermant un doute inexcusable de la sincérité des déclarations de sa Majesté.

Mais ce défaut d'une autorisation formelle et d'une assurance réciproque n'est pas le seul vice matériel de cette communication du prince *Starhemberg*.

Sa Majesté est invitée à envoyer des plénipotentiaires à Paris, sans qu'on lui donne la plus légère connaissance des bases sur lesquelles on veut fonder cette négociation.

Si on avait pu mettre en question qu'il fût nécessaire d'établir préalablement la base de la négociation pour fonder l'espérance de son heureuse conclusion, l'expérience de la dernière négociation avec la France aurait mis la chose hors de doute.

Elle a également démontré le désavantage et l'inconvénient d'une négociation à Paris.

Sa Majesté veut traiter avec la France, mais elle ne veut traiter que sur le pied d'une égalité parfaite. Elle est prête à traiter avec les alliés de la France ; mais la négociation doit également embrasser les intérêts des alliés de la Grande-Bretagne.

Aussitôt que les bases d'une négociation auront été déterminées d'une manière satisfaisante, et qu'on sera convenu d'un lieu contre lequel il ne puisse être fait d'objection, sa Majesté sera disposée à nommer des plénipotentiaires pour se réunir à ceux des autres puissances engagées dans la guerre ; mais sa Majesté ne consentira pas de nouveau à envoyer ses plénipotentiaires dans une capitale hostile.

Mais, lorsque sa Majesté a permis au soussigné d'adresser cette exposition franche et nullement équivoque de ses sentimens au ministre de l'Empereur d'Autriche, elle a en même temps chargé le soussigné de lui déclarer que, n'ayant reçu aucune preuve authentique d'une commission reçue par le prince *Starhemberg* pour entrer en explication au nom du Gouvernement français, et donner des assurances par lesquelles ce Gouvernement puisse être lié, sa Majesté n'a pas prescrit au soussigné d'autoriser le prince *de Starhemberg* à parler, au nom de sa Majesté, au Gouvernement français.

Le soussigné a l'honneur de prier le prince *de Starhemberg* d'agréer l'assurance de sa haute considération.

Signé GEORGE CANNING.

Au bureau des affaires étrangères,
le 8 Janvier 1808.

IV.

NÉGOCIATIONS à la suite de l'entrevue d'Erfurth.

N.º 1.

Copie de la Lettre de leurs Majestés les Empereurs de France et de Russie à sa Majesté le Roi d'Angleterre.

Erfurth, le 12 Octobre 1808.

SIRE, les circonstances actuelles de l'Europe nous ont réunis à Erfurth. Notre première pensée est de céder au vœu et aux besoins de tous les peuples, et de chercher, par une prompte pacification avec votre Majesté, le remède le plus efficace aux malheurs qui pèsent sur toutes les nations. Nous en faisons connaître notre sincere desir à votre Majesté par cette présente lettre.

La guerre longue et sanglante qui a déchiré le continent, est terminée, sans qu'elle puisse se renouveler. Beaucoup de changemens ont eu lieu en Europe : beaucoup d'États ont été bouleversés. La cause en est dans l'état d'agitation et de malheurs où la cessation du commerce maritime a placé les plus grands peuples. De plus grands changemens encore peuvent avoir lieu, et tous contraires à la politique de la nation anglaise. La paix est donc à-la-fois dans l'intérêt des peuples du continent, comme dans l'intérêt des peuples de la Grande-Bretagne.

Nous nous réunissons pour prier votre Majesté d'écouter la voix de l'humanité, en faisant taire celle des passions, de chercher, avec l'intention d'y parvenir, à concilier tous les intérêts, et par-là garantir toutes les puissances qui existent, et assurer le bonheur de l'Europe et de cette génération à la tête de laquelle la Providence nous a placés.

NAPOLÉON.   ALEXANDRE.

N.º 2.

COPIE *de la Lettre du Ministre des Relations extérieures à M.* Canning.

(Jointe à la Lettre des deux Empereurs.)

Erfurth, le 12 Octobre 1808.

MONSIEUR,

J'ai l'honneur d'adresser à votre Excellence une lettre que l'Empereur des Français et celui de toutes les Russies écrivent à sa Majesté britannique. Sans doute la grandeur et la sincérité de cette démarche seront appréciées; on ne peut attribuer à faiblesse ce qui est le résultat de l'intime liaison des deux plus grands monarques du continent, unis pour la paix comme pour la guerre.

Sa Majesté l'Empereur m'a chargé de faire connaître à votre Excellence qu'elle a nommé des plénipotentiaires, qui se rendront dans la ville du continent où sa Majesté le Roi de la Grande-Bretagne et ses alliés enverront leurs plénipotentiaires. Quant aux bases de la négociation, leurs Majestés sont disposées à adopter celles précédemment proposées par l'Angleterre même; savoir, l'*uti possidetis*, et toute autre base fondée sur la justice et sur la réciprocité et l'égalité qui doivent régner entre toutes les grandes nations.

J'ai l'honneur d'être &c.

Signé CHAMPAGNY.

N.º 3.

COPIE *de la Lettre de M. le Comte* de Romanzoff *à M.* Canning.

(Jointe à la Lettre des deux Empereurs.)

Erfurth, le 12 Octobre 1808.

MONSIEUR,

J'envoie à votre Excellence une lettre que les Empereurs écrivent au Roi d'Angleterre. Sa Majesté l'Empereur de Russie se flatte que l'Angleterre appréciera la sincérité et la grandeur de cette démarche : elle ne peut attribuer à faiblesse ce qui est le résultat de l'union intime des deux plus grands monarques du continent, unis pour la paix comme pour la guerre.

Sa Majesté m'a chargé de faire connaître à votre Excellence qu'elle a nommé des plénipotentiaires, qui se dirigeront sur la ville du continent où sa Majesté le Roi d'Angleterre et ses alliés dirigeront leurs plénipotentiaires ; et que, quant aux bases de la négociation, leurs Majestés ne trouvent pas d'inconvénient à adopter toutes celles précédemment proposées par l'Angleterre même ; savoir, l'*uti possidetis*, et toute autre base fondée sur la justice et sur la réciprocité et l'égalité qui doivent régner entre toutes les grandes nations.

J'ai l'honneur d'être &c.

Signé comte N. DE ROMANZOFF.

N.º 4.

Copie de la Lettre de M. Canning à M. de Champagny.

(Remise au courrier français porteur des premières lettres.)

Londres, 22 Octobre 1808.

MONSIEUR,

J'ai l'honneur d'accuser réception, à votre Excellence, de la lettre qu'elle m'a adressée d'Erfurth, en date du 12 courant, et à laquelle était jointe une lettre adressée au Roi mon maître.

Je ne perdrai pas de temps à mettre ces lettres sous les yeux de sa Majesté, et à vous en transmettre les réponses à Paris par un messager.

J'ai l'honneur d'être &c.

Signé GEORGE CANNING.

N.º 5.

N.° 5.

TRADUCTION *de la Lettre de M.* Canning *à M. le Comte de* Champagny.

(Apportée par un courrier anglais.)

Londres, le 28 Octobre 1808.

MONSIEUR,

Ayant mis sous les yeux du Roi mon maître les deux lettres que votre Excellence m'a transmises d'Erfurth, dont une était adressée à sa Majesté, j'ai reçu l'ordre de sa Majesté de répondre à cette lettre par la note officielle que j'ai l'honneur de joindre ici.

Il m'est ordonné d'ajouter que sa Majesté ne tardera pas à communiquer au Roi de Suède et au Gouvernement d'Espagne, les propositions qui ont été faites à sa Majesté.

Votre Excellence sentira qu'il est nécessaire que sa Majesté reçoive, sans délai l'assurance que l'admission du Gouvernement d'Espagne comme partie dans la négociation, est entendue et consentie par la France.

Lorsqu'on aura reçu la réponse de votre Excellence sur ce point, et aussitôt que sa Majesté connaîtra les sentimens du Roi de Suède et du Gouvernement d'Espagne, je recevrai l'ordre de sa Majesté de correspondre avec votre Excellence sur les autres points de votre lettre.

J'ai l'honneur &c.

Signé GEORGE CANNING.

N.° 6.

TRADUCTION *de la Note de M.* Canning *adressée à M. le Comte* de Champagny.

(Jointe à la Lettre du même jour.)

Londres, le 28 Octobre 1808.

Le Roi a constamment déclaré qu'il desirait la paix, et qu'il était prêt à entrer en négociation pour une paix générale, sur des termes conformes à ce qu'exigent l'honneur de sa couronne, sa fidélité à ses engagemens, le repos durable et la sécurité de l'Europe. Sa Majesté répète cette déclaration.

Si l'état du continent est un état d'agitation et de misère, si plusieurs États ont été renversés, si d'autres encore sont menacés de l'être, c'est une consolation pour le Roi de penser qu'aucune partie de ces convulsions qu'on a déjà éprouvées ou dont on est menacé pour l'avenir, ne peut, en aucun point, lui être imputée.

Le Roi reconnaît volontiers que d'aussi terribles changemens sont en effet contraires à la politique de la Grande-Bretagne.

Si la cause de tant de misère se trouve dans la stagnation des relations commerciales, quoiqu'on ne dût point attendre de sa Majesté qu'elle apprît seulement avec regret que le système imaginé pour la destruction du commerce de ses sujets est retombé sur ceux qui en ont été les auteurs ou les instrumens, cependant il n'est ni dans les dispositions de sa Majesté, ni dans le caractère du peuple sur lequel elle règne, de se réjouir des privations et des malheurs des nations mêmes qui se sont coalisées contre lui.

Sa Majesté desire avec sollicitude la fin des souffrances du continent.

En s'engageant dans la guerre actuelle, elle a eu pour objet immédiat la sûreté nationale. Cette guerre ne s'est prolongée que parce que ses ennemis n'ont offert aucun moyen de la terminer avec sécurité et d'une manière honorable.

Mais, dans le cours d'une guerre commencée pour sa propre défense, de nouvelles obligations ont été imposées à sa Majesté en faveur des puissances que les agressions d'un ennemi commun ont forcées de faire cause commune avec elle, ou qui ont sollicité l'assistance et l'appui de sa Majesté pour le recouvrement de leur indépendance nationale.

Les intérêts de la couronne de Portugal et ceux de sa Majesté sicilienne sont confiés à l'amitié et à la protection de sa Majesté.

Sa Majesté tient au Roi de Suède par les liens de la plus étroite alliance, et par des stipulations qui unissent leurs conseils pour la paix comme pour la guere.

Sa Majesté n'est encore liée à l'Espagne par aucun acte formel ; mais elle a contracté avec cette nation, à la face de l'univers, des engagemens non moins sacrés, et qui, dans l'opinion de sa Majesté, la lient autant que les traités les plus solennels.

Sa Majesté suppose donc qu'en lui proposant des négociations pour la paix générale, les relations subsistant entre elle et la monarchie espagnole ont été clairement prises en considération, et que l'on a entendu que le Gouvernement agissant au nom de *Ferdinand VII* serait partie dans les négociations dans lesquelles sa Majesté est invitée à entrer.

N.° 7.

COPIE *de la Lettre de M.* Canning *à l'Ambassadeur de Russie à Paris.*

(Cette lettre a été remise à M. de Romanzoff. Elle était accompagnée d'une note de M. Canning, en date du 28 octobre, entièrement conforme à celle adressée à M. de Champagny.)

Londres, le 28 Octobre 1808.

MONSIEUR L'AMBASSADEUR,

Ayant mis sous les yeux du Roi mon maître les deux lettres que M. le comte Nicolas de Romanzoff m'a transmises d'Erfurth, j'ai reçu les ordres de sa Majesté de répondre à celle qui lui est adressée, par la note officielle que j'ai l'honneur d'envoyer ci-jointe à votre Excellence.

Quelque disposée qu'aurait pu être sa Majesté à répondre directement à sa Majesté l'Empereur de Russie, vous ne sauriez ne pas sentir, monsieur l'ambassadeur, que par la façon inusitée dont les lettres signées par sa Majesté impériale ont été rédigées, et qui les a privées entièrement du caractère d'une communication particulière et personnelle, sa Majesté s'est trouvée dans l'impossibilité de se servir de cette marque de respect envers l'Empereur de Russie, sans reconnaître en même temps des titres que sa Majesté n'a pas reconnus.

J'ai ordre d'ajouter au contenu de la note officielle, que sa Majesté s'empressera de communiquer à sa Majesté le Roi de Suède, et au Gouvernement actuel de l'Espagne, les propositions qui lui ont été faites.

Votre Excellence verra qu'il est de toute nécessité que sa Majesté soit immédiatement assurée que la France reconnaisse le Gouvernement de l'Espagne comme partie à toute négociation.

Que telle soit l'intention de l'Empereur de Russie, sa Majesté ne peut pas en douter.

Sa Majesté se rappelle avec satisfaction le vif intérêt que sa Majesté impériale a toujours témoigné pour le bien-être et la dignité de la monarchie espagnole, et elle n'a pas besoin d'autre assurance que sa Majesté impériale ne saurait avoir été induite à sanctionner par sa concurrence ou par son approbation, des usurpations dont le principe n'est pas moins injuste que l'exemple en est dangereux pour tous les souverains légitimes. Aussitôt que les réponses sur cet objet auront été reçues, et que sa Majesté aura appris les sentimens de sa Majesté le Roi de Suède et ceux du Gouvernement de l'Espagne, je ne manquerai pas de prendre les ordres de sa Majesté pour les communications à faire sur les objets ultérieurs de la lettre de M. le comte de Romanzoff.

J'ai l'honneur d'être &c.

Signé GEORGE CANNING.

N.º 8.

COPIE *de la Lettre de* M. *le Comte* de Champagny *à* M. Canning.

(Remise au courrier anglais porteur de la Lettre du 28 Octobre.)

Paris, le 31 Octobre 1808.

MONSIEUR,

Sa Majesté l'Empereur mon maître étant parti de Paris, je ne veux pas attendre ses ordres pour accuser réception à votre Excellence de la lettre qu'elle m'a fait l'honneur de m'écrire le 28 de ce mois et qui m'est parvenue ce matin, ainsi que de la note officielle qui y était jointe. Je ne tarderai pas à faire parvenir ces pièces à la connaissance de sa Majesté impériale; et aussitôt que ses intentions me seront connues, je m'empresserai d'envoyer un autre courrier à votre Excellence.

Je la prie d'agréer &c.

Signé CHAMPAGNY.

N.º 9.

COPIE de la Lettre de M. le Comte de Romanzoff *à M.* Canning.

(Remise au courrier anglais porteur de la lettre du 28 Octobre.)

Paris, le 31 Octobre 1808.

MONSIEUR,

Le prompt départ du courrier anglais qui m'a remis la lettre de votre Excellence, en date du 28 de ce mois, m'oblige de me borner dans ce moment à vous en accuser la réception. Je me félicite de ce que mon arrivée à Paris m'a mis à portée de recevoir moi-même cette lettre adressée à l'ambassadeur de Russie; et M. *de Tolstoï*, qui occupait ce poste, ayant été rappelé par l'Empereur mon maître, pour être remplacé par le prince *Kourakin*, je me vois avec plaisir dans le cas de correspondre directement avec votre Excellence.

J'ai l'honneur &c.

Signé COMTE N. DE ROMANZOFF.

N.º 10.

COPIE de la Note adressée par son Exc. M. le Comte de Champagny *à M.* Canning.

(Réponse à la Note du 28 Octobre.)

Paris, le 28 Novembre 1808.

LE soussigné a mis sous les yeux de l'Empereur son maître la note de son Excellence M. *Canning*.

S'il était vrai que les maux de la guerre ne se fissent sentir que sur le continent, il y aurait sans doute peu d'espérance d'arriver à la paix.

Les deux Empereurs s'étaient flattés qu'on ne se serait pas mépris à Londres sur le but de leur démarche. Le ministère anglais l'aurait-il attribuée à faiblesse ou besoin, lorsque tout homme d'état impartial reconnaîtra dans l'esprit de paix et de modération qui l'a dictée, le caractère de la puissance et de la véritable grandeur? La France et la Russie peuvent soutenir la guerre aussi long-temps qu'on ne sera pas revenu à Londres à des dispositions justes et égales; et elles y sont déterminées.

Comment le Gouvernement français peut-il considérer la proposition qui lui est faite d'admettre à la négociation les insurgés espagnols? Qu'aurait dit le Gouvernement anglais, si on lui avait proposé d'admettre les insurgés catholiques d'Irlande? La France, sans avoir de traité avec eux, a eu aussi avec eux des rapports, leur a fait des promesses, et souvent leur a envoyé des secours. Une telle proposition pouvait-elle trouver place dans une note où l'on devait avoir pour but, non d'irriter, mais de chercher à se concilier et à s'entendre?

L'Angleterre serait dans une étrange erreur, si, contre l'expérience du passé, elle avait encore l'idée de lutter avec avantage sur le continent contre les armées françaises? Quel espoir aurait-elle aujourd'hui sur-tout, que la France est irrévocablement unie avec la Russie?

Le soussigné est chargé de réitérer la proposition d'admettre à la négociation tous les alliés du Roi d'Angleterre, soit le Roi qui règne au Brésil, soit le Roi qui règne en Suède, soit le Roi qui règne en Sicile, et de prendre pour base de la négociation l'*uti possidetis*. Il est chargé d'exprimer le vœu qu'en ne perdant pas de vue les résultats nécessaires de la force des États, on veuille se souvenir qu'entre grandes puissances, il n'y a de paix solide que celle qui est en même temps égale et honorable pour toutes.

Le soussigné a l'honneur &c.

Signé CHAMPAGNY.

N.º 11.

Copie de la Lettre de M. le Comte de Romanzoff à M. Canning.

(Accompagnant sa Note du même jour.)

Paris, 16/28 Novembre 1808.

MONSIEUR,

Je transmets à votre Excellence ma réponse à la note du 28 octobre qu'elle a bien voulu adresser à M. le comte *de Tolstoï*, et je saisis avec empressement cette nouvelle occasion de lui réitérer les assurances de ma haute considération.

Signé Comte ROMANZOFF.

N.º 12.

Copie de la Note de M. le Comte de Romanzoff à M. Canning.

Paris, le 16/28 novembre 1808.

Le soussigné, ministre des affaires étrangères de Sa Majesté l'Empereur de Russie, a l'honneur de répondre à la note du 28 octobre, signée par M. Canning, secrétaire d'état de Sa Majesté le roi de la Grande-Bretagne, et adressée par son Excellence à M. l'ambassadeur de Russie à Paris,

Que l'admission des rois alliés de l'Angleterre au congrès ne peut être l'objet d'aucune difficulté, et que la Russie et la France y consentent.

Mais ce principe ne s'étend pas du tout à ce qu'il faille y admettre les plénipotentiaires des insurgés espagnols. L'empereur de Russie ne le peut pas; son empire dans des circonstances analogues, et l'Angleterre peut s'en rappeler une particulière, a toujours été fidèle au même principe : de plus, il a déjà reconnu le roi Joseph Napoléon ; il a annoncé à Sa Majesté Britannique qu'il était uni avec l'empereur des Français pour la paix comme pour la guerre, et Sa Majesté impériale

riale le répète ici. Elle est résolue de ne pas séparer ses intérêts de ceux de ce monarque ; mais tous les deux ils sont prêts à conclure la paix, pourvu qu'elle soit juste, honorable et égale pour toutes les parties.

Le soussigné voit avec plaisir que, dans cette différence d'opinions sur les Espagnols, il ne se présente rien qui puisse empêcher ou retarder l'ouverture du congrès. Il tire sa persuasion, à cet égard, de ce que Sa Majesté Britannique a confié elle-même aux deux empereurs qu'aucun engagement positif ne la liait avec ceux qui ont pris les armes en Espagne.

Après quinze ans de guerre, l'Europe a droit de réclamer la paix. L'intérêt de toutes les puissances, y compris celui de l'Angleterre, est de la rendre générale. L'humanité le commande, et un pareil vœu ne sera certainement pas étranger au cœur de Sa Majesté Britannique. Comment se ferait-il que seule elle s'éloignât d'un pareil dessein et refusât de terminer les maux de l'humanité souffrante ?

Le soussigné renouvelle par conséquent, au nom de l'empereur son auguste maître, la proposition déjà faite d'envoyer des plénipotentiaires dans la ville du continent qu'il plaira à Sa Majesté Britannique de désigner ; d'admettre au congrès les plénipotentiaires des rois alliés de l'Angleterre ; de traiter sur la base de l'*uti possidetis* et celle de la puissance respective des parties belligérantes ; d'accepter enfin toute base qui aurait pour but de conclure une paix dans laquelle toutes les parties trouveraient honneur, justice et égalité.

Le soussigné a l'honneur &c.

Signé Comte N. DE ROMANZOFF.

N.º 13.

COPIE *de la Lettre de M.* Canning *à M.* de Champagny.

(Remise au courrier français qui avait apporté les Lettres du 28 Novembre.)

Londres, le 7 Décembre 1808.

MONSIEUR,

J'ai l'honneur d'accuser réception à votre Excellence de sa lettre du 28 du mois dernier, et de la note officielle qui y était jointe.

Aussitôt que j'aurai reçu les ordres du Roi au sujet de cette note, je ne manquerai pas de vous transmettre la réponse que sa Majesté m'aura ordonné de faire, par un messager anglais.

J'ai l'honneur &c.

Signé GEORGE CANNING.

N.° 14.

COPIE de la Lettre de M. Canning à M. le Comte de Romanzoff.

(Remise au courrier français qui avait apporté les Lettres du 28 Novembre.)

Londres, le 7 Décembre 1808.

MONSIEUR LE COMTE,

Je ne tarderai pas de transmettre à votre Excellence, par un courrier anglais, la réponse que le Roi mon maître m'ordonnera de faire à la note officielle qui était jointe à la lettre de votre Excellence en date du 16-28 du mois passé, dont j'ai l'honneur d'accuser la réception.

Je prie votre Excellence d'agréer &c.

Signé GEORGE CANNING.

N.° 15.

COPIE de la Lettre de M. Canning à M. le Comte de Champagny.

(Apportée par un deuxième courrier anglais.)

Londres, le 9 Décembre 1808.

MONSIEUR,

J'ai l'honneur de transmettre à votre Excellence la réponse ci-jointe, que sa Majesté m'a ordonné de faire à la note officielle que votre Excellence m'a adressée dans sa lettre du 28 novembre.

J'ai l'honneur &c.

Signé GEORGE CANNING.

N.º 16.

COPIE *de la Note de M.* Canning *adressée à M. le Comte de* Champagny.

(Accompagnant la Lettre du même jour.)

Londres, le 9 Décembre 1808.

LE soussigné, principal secrétaire d'état de sa Majesté pour les affaires étrangères, a mis sous les yeux du Roi son maître, la note qui lui a été transmise par son Excellence M. *de Champagny*, en date du 28 novemb.

Il lui est spécialement ordonné par sa Majesté de s'abstenir de relever les choses et les expressions insultantes pour sa Majesté, pour ses alliés et pour la nation espagnole, dont abonde la note officielle transmise par M. *de Champagny*.

Sa Majesté aurait désiré traiter sur les principes d'une justice égale, d'une paix qui aurait concilié les intérêts respectifs de toutes les puissances engagées dans la guerre; et sa Majesté regrette sincèrement que ce désir soit trompé.

Mais sa Majesté est déterminée à ne pas abandonner la cause de la nation espagnole et de la royauté légitime d'Espagne; et la prétention de la France d'exclure de la négociation le Gouvernement central et suprême, agissant au nom de sa Majesté catholique *Ferdinand VII*, est telle, que sa Majesté ne pourrait l'admettre sans acquiescer à une usurpation qui n'a rien de comparable dans l'histoire du monde.

Le soussigné prie &c.

Signé GEORGE CANNING.

N.° 17.

TRADUCTION *de la Note adressée par M.* Canning *à M. le Comte de* Romanzoff.

(Apportée par un courrier anglais.)

Londres, le 9 Décembre 1808.

LE soussigné, principal secrétaire d'état de sa Majesté pour les affaires étrangères, a mis sous les yeux du Roi son maître la note qui lui a été transmise par son Exc. le comte *Nicolas de Romanzoff*, ministre des affaires étrangères de sa Majesté l'Empereur de toutes les Russies, en date du 16/28 novembre.

Le Roi voit avec étonnement et regret l'attente que l'on paraît avoir conçue que sa Majesté commencerait une négociation pour la paix générale, en abandonnant d'abord la cause de la nation espagnole et de la monarchie légitime d'Espagne, par déférence pour une usurpation qui n'a rien de comparable dans l'histoire du monde.

Sa Majesté avait espéré que la part qu'avait l'Empereur de Russie dans les ouvertures qui lui étaient faites, aurait offert à sa Majesté une garantie contre la crainte de se voir proposer une condition aussi injuste dans ses effets, aussi dangereuse dans son exemple.

Et sa Majesté ne peut concevoir par quelle obligation de devoir ou d'intérêt, ou par quel principe de politique russe, sa Majesté impériale peut s'être trouvée forcée de reconnaître le droit que s'est arrogé la France de déposer et d'emprisonner des souverains ses amis, et de s'attribuer à elle-même la souveraineté sur des nations loyales et indépendantes.

Si tels sont les principes auxquels l'Empereur s'est inviolablement attaché, pour le soutien desquels il a engagé l'honneur et les ressources de son empire, et s'il s'est uni à la France pour les établir par la guerre et les maintenir dans la paix; sa Majesté voit avec un profond regret une détermination qui doit aggraver et prolonger les maux de l'Europe ; mais on ne peut lui attribuer d'occasionner la continuation des calamités de la guerre, en faisant évanouir toute espérance d'une paix compatible avec la justice et l'honneur.

Le soussigné prie son Exc. de recevoir &c.

Signé GEORGE CANNING.

N.º 18.

COPIE de la Lettre de M. le Comte de Champagny *à M.* Canning.

(Remise au courrier anglais porteur des lettres du 9 Décembre.)

Paris, le 13 Décembre 1808.

MONSIEUR,

J'ai l'honneur d'accuser réception à votre Excellence de sa lettre du 9 de ce mois, et de la note officielle qui l'accompagnait ; je m'empresserai de faire parvenir cette note à la connaissance de l'Empereur mon maître.

J'ai l'honneur de renouveler à votre Excellence, &c.

Signé CHAMPAGNY.

N.º 19.

COPIE de la Lettre de M. le Comte de Romanzoff *à M.* Canning.

(Remise au courrier anglais porteur des lettres du 9 Décembre.)

Paris, le 1/13 Décembre 1808.

LE courrier que j'avais adressé à votre Excellence est revenu ici, et m'a apporté la lettre qu'elle m'a fait l'honneur de m'écrire le 7 décembre ; quelques heures après, le courrier qu'elle a envoyé à Paris, m'a remis une lettre de la part de votre Excellence, sans date, et qui était accompagnée d'une note datée du 9 décembre : je vais transmettre le tout à la connaissance de l'Empereur mon maître.

J'ai l'honneur d'être &c.

Signé Cte N. DE ROMANZOFF.

N.° 20.

DÉCLARATION *de Sa Majesté le Roi d'Angleterre, du   Décembre 1808, insérée dans le Courrier de Londres, du 16 Décembre.*

LES ouvertures faites à sa Majesté par les Gouvernemens de Russie et de France n'ont abouti à aucune négociation ; et les communications auxquelles ces ouvertures ont donné lieu étant terminées, sa Majesté croit devoir, sans délai et publiquement, faire connaître qu'elles sont terminées.

La continuation d'une négociation apparente, quand la paix est reconnue absolument impossible, ne pouvait être avantageuse qu'à l'ennemi.

Elle aurait donné à la France le moyen de semer la défiance et la jalousie dans les conseils de ceux qui se sont réunis pour résister à son oppression ; et si parmi les nations qui préservent contre la France une indépendance douteuse et précaire, il s'en trouve qui, même en ce moment, balancent entre la ruine certaine qui résultera d'une inaction prolongée, et les dangers incertains d'un effort pour échapper à cette ruine, la perspective trompeuse d'une paix entre la Grande-Bretagne et la France ne manquerait pas d'être singulièrement funeste à ces nations. Le vain espoir du retour de la tranquillité pourrait ralentir leurs préparatifs, ou la crainte d'être abandonnées à elles-mêmes pourrait ébranler leurs résolutions.

Sa Majesté était bien persuadée que tel était, dans le fait, le principal objet de la France, dans les propositions transmises d'Erfurth à sa Majesté.

Mais au moment où des résultats si imposans par leur importance, ou si redoutables par leur incertitude, pouvaient dépendre de la détermination de continuer la guerre ou de faire la paix, le Roi a cru se devoir à lui-même de s'assurer, au-delà même de la possibilité d'un doute, des vues et des intentions de ses ennemis.

Sa Majesté se refusait à croire que l'Empereur de Russie se fût si aveuglément et si fatalement dévoué à une puissance avec laquelle sa Majesté impériale s'était malheureusement alliée, qu'elle était préparée à seconder ouvertement l'usurpation de la monarchie espagnole, et à reconnaître et à soutenir le droit que s'est arrogé la France, de déposer et d'emprisonner des souverains amis, et d'usurper l'obéissance des nations indépendantes.

C'est pourquoi, lorsqu'il fut proposé à sa Majesté d'entrer en négociation pour une paix générale, de concert avec les alliés de sa Majesté, et de traiter, ou sur la base d'*uti possidetis*, qui a déjà été le sujet de tant de discussions, ou sur toute autre base compatible avec la justice, l'honneur et l'égalité, sa Majesté se détermina à répondre à cette sincérité et cette modération apparentes avec une sincérité et une modération réelles de la part de sa Majesté.

Le Roi déclara qu'il était disposé à entrer dans une négociation de cette nature, de concert avec ses alliés, et s'engagea de leur communiquer sur-le-champ les propositions qui avaient été faites à sa Majesté. Mais comme sa Majesté n'était point liée avec l'Espagne par un traité d'alliance en forme, sa Majesté jugea nécessaire de déclarer que les engagemens qu'elle avait contractés à la face de l'univers avec cette nation, étaient considérés par sa Majesté comme aussi sacrés et aussi obligatoires pour elle que les traités les plus solennels, et d'exprimer la juste persuasion de sa Majesté, que le Gouvernement d'Espagne, agissant au nom de sa Majesté catholique *Ferdinand VII*, était considéré comme partie dans la négociation.

Dans la réponse faite par la France à cette proposition de sa Majesté, elle écarte l'artifice mal ourdi auquel elle avait eu recours pour remplir l'objet du moment, et montre même, dans les ménagemens ordinaires, l'arrogance et l'injustice de ce Gouvernement. La nation espagnole toute entière y est désignée sous la dénomination dégradante d'*insurgés espagnols*, et la demande d'admettre le Gouvernement d'Espagne comme partie dans une négociation, rejetée comme inadmissible et insultante.

Avec autant d'étonnement que de douleur, sa Majesté a reçu de l'Empereur de Russie une réponse semblable en substance, quoique moins inconvenante dans le ton et la manière. L'Empereur de Russie flétrit du nom d'*insurrection* les glorieux efforts du peuple espagnol en faveur de son souverain légitime et de l'indépendance de sa patrie, donnant ainsi la sanction de l'autorité de sa Majesté impériale à une usurpation qui n'a pas d'exemple dans l'histoire du monde.

Le Roi n'eût pas hésité à saisir l'occasion de consentir à une négociation qui eût pu offrir l'espoir ou la perspective d'une paix compatible avec la justice et l'honneur.

Sa Majesté regrette profondément qu'elle se soit terminée d'une manière qui doit aggraver et prolonger les calamités de l'Europe. Mais ni l'honneur de sa Majesté, ni la générosité de la nation britannique, ne permettaient à sa Majesté de consentir à entrer en négociation, en abandonnant un peuple brave et fidèle, qui combat pour la conservation de tout ce qui est cher à l'homme, et dont sa Majesté s'est solennellement engagée à seconder les efforts dans une cause dont la justice est si évidemment manifeste.

V.

DÉMARCHES du Ministère hollandais auprès du Gouvernement anglais, en Février 1810.

N.º 1.

LE ROI A SES MINISTRES.

Messieurs,

Depuis six semaines que je suis auprès de l'Empereur mon frère, je me suis constamment occupé des affaires du royaume. Si j'ai pu effacer quelques impressions défavorables, ou du moins les modifier, je dois avouer que je n'ai pas réussi à concilier dans son esprit l'existence et l'indépendance du royaume avec la réussite et le succès du système continental, et en particulier de la France contre l'Angleterre. Je me suis assuré que la France est fermement décidée à réunir la Hollande, malgré toutes les considérations, et qu'elle est convaincue que son indépendance ne peut plus se prolonger si la guerre maritime continue. Dans cette cruelle certitude, il ne nous reste plus qu'un espoir, c'est celui que la paix maritime se négocie : cela seul peut détourner le péril imminent qui nous menace; et sans la réussite de ces négociations, il est certain que c'en est fait de l'indépendance de la Hollande, qu'aucun sacrifice ne pourra prévenir. Ainsi l'intention claire et formelle de la France est de tout sacrifier pour acquérir la Hollande, et augmenter par-là, quelque chose qu'il doive lui en coûter, les moyens à opposer à l'Angleterre. Sans doute l'Angleterre aurait tout à craindre d'une pareille augmentation de côtes et de marine pour la France. Il est donc possible que leur intérêt porte les Anglais à éviter un coup qui peut leur être aussi funeste.

F

Je vous laisse le soin de développer cette idée avec toute l'énergie qui sera nécessaire pour faire bien sentir au Gouvernement anglais l'importance de la démarche qui lui reste à faire. Faites bien valoir auprès de lui tous les argumens et toutes les considérations qui se présenteront à votre esprit. Faites la démarche dont il s'agit de vous-mêmes, sans que j'y sois nullement mentionné. Mais il n'y a pas de temps à perdre; envoyez de suite quelqu'un d'un commerce sûr et discret en Angleterre, et envoyez-le moi de suite dès qu'il sera de retour. Faites-moi savoir l'époque à laquelle il pourra l'être; car nous n'avons pas de temps à perdre : il ne nous reste plus que peu de jours. Deux corps de la grande armée marchent sur le royaume; le maréchal *Oudinot* vient de partir pour en prendre le commandement. Faites-moi savoir ce que vous aurez fait en conséquence de cette lettre, et quel jour je pourrai avoir la réponse d'Angleterre.

N.° 2.

Instructions données par le Ministère hollandais à *M.* Labouchère.

L'OBJET de la commission dont, à la demande des soussignés, M. *Pierre-César Labouchère* s'est chargé, est de faire connaître au Gouvernement d'Angleterre qu'en conséquence des renseignemens parvenus au ministère hollandais, et qui ont toute l'apparence d'authenticité, le destin de la Hollande, c'est-à-dire le maintien ou la perte de son existence politique, dépend des dispositions qui pourraient avoir lieu de la part du Gouvernement anglais pour parvenir à une prompte paix avec la France, ou du moins pour faire un changement réel dans les mesures adoptées par le susdit Gouvernement, par rapport au commerce et à la navigation des neutres.

Ledit sieur *Labouchère* doit par conséquent se rendre, avec toute la promptitude possible, à Londres, où, de la manière et par les voies qu'il trouvera les plus convenables, il cherchera à porter le susdit état de choses à la connaissance du ministère anglais et de toute autre personne qui pourrait servir au but proposé; et il lui sera permis, en cas de besoin, de faire savoir qu'il remplit cette mission avec le consentement du Gouvernement hollandais, qui, à cause de l'authenticité des susdits renseignemens portant que, sans le susdit changement dans le système de l'Angleterre, la perte de l'indépendance de la Hollande est absolument inévitable, avait cru pouvoir fermer les yeux sur toutes les considérations et difficultés, pour tenter tout ce qui pourrait servir à maintenir l'existence politique du pays.

Il cherchera ensuite à faire envisager au Gouvernement anglais combien il serait avantageux à l'Angleterre que la Hollande ne tombât point sous la domination souveraine de l'Empire français, et qu'elle restât toujours une puissance indépendante. Il emploiera, pour prouver cette assertion, tous les argumens que la cause elle-même pourra lui fournir et qui lui sont connus.

S'il trouve au Gouvernement anglais cette conviction, ou s'il parvient à la faire naître, il tâchera de l'engager à contribuer au maintien de l'existence politique de ce pays, en se prêtant promptement à des négociations tendant à parvenir à une paix générale, ou du moins, dans le cas où de pareilles négociations ne pourraient être promptement entamées et déterminées, en donnant des assurances satisfaisantes de ses intentions de faire quelque changement dans le système adopté par les décrets du conseil d'Angleterre du mois de novembre 1807, et dans les mesures qui en ont été les conséquences.

Il doit sur-tout appuyer sur ce dernier objet, afin, dira-t-il, de s'opposer à l'empressement de la France d'occuper la Hollande. Il ajoutera que, dans le cas où un relâchement ou un changement du susdit système serait adopté, on pourrait se flatter qu'outre la non-occupation de la Hollande, la guerre, tant qu'elle doit encore durer, prendrait enfin de nouveau la tournure et la marche moins désastreuse qu'elle avait il y a trois ans, et qu'il en résulterait un peu plus de probabilité d'un rapprochement, en ce qu'alors on ne verrait plus aucun motif pour l'Empereur des Français de laisser subsister les décrets de Berlin et de Milan, que S. M. I. n'a pris qu'en conséquence des ordres du conseil anglais de novembre 1807.

Si cependant le Gouvernement anglais, après avoir prêté l'oreille à ces insinuations, fait des difficultés pour s'expliquer là-dessus définitivement, avant d'être informé positivement des intentions du Gouvernement français à cet égard; il doit demander que le Gouvernement anglais déclare s'il veut faire dépendre sa résolution d'arriver à des négociations de paix ou du moins à un changement dans les susdits ordres de novembre 1807, des insinuations susdites et encore particulièrement de l'évacuation de la Hollande par les troupes françaises, et du rétablissement de tout sur le pied où se trouvaient les choses avant la dernière invasion des Anglais en Zélande, en ajoutant telles autres conditions sur lesquelles le susdit Gouvernement pourrait croire devoir insister avant de prêter la main aux mesures proposées, afin qu'on ait ainsi des données sûres avant de lui faire connaître les intentions du Gouvernement français.

Quelle que soit la réponse du Gouvernement anglais à ses représentations, pourvu qu'elle n'exclue pas tout espoir de parvenir au but qu'on se propose, et que les circonstances le lui permettent, il prolongera provisoirement son séjour à Londres, et, en attendant, il enverra aux soussignés, aussi promptement qu'il est possible, et par la voie la plus sûre, un récit détaillé de toutes ses démarches, des réponses qu'on lui aura faites, et de tout ce qui concerne sa mission.

Cependant, si après avoir reçu une réponse aux ouvertures par lui faites, il trouvait nécessaire pour le succès de la cause, de la porter lui-même à la connaissance de sa Majesté le roi de Hollande, il sera libre de le faire; mais dans ce cas-là, quoique sa Majesté puisse encore se trouver à Paris, il fera son voyage par la Hollande, et en aucune manière il ne se rendra de l'Angleterre directement en France.

Au reste, on lui recommande particulièrement le secret le plus rigoureux sur toute cette affaire, ainsi que la plus grande prudence, et discrétion dans l'exécution de la commission à lui confiée.

Amsterdam, le 1.er février 1810.

Signé VANDER HEIM, J. H. MOLLERUS.

N.° 3.

TRADUCTION *d'une Note de communication* verbale *du Marquis* de Wellesley *à M.* Labouchère, *12 Février 1810.*

LA malheureuse situation de la Hollande a fait naître depuis long-temps dans ce pays-ci des sentimens d'intérêt et de compassion, et ces sentimens s'accroissent naturellement à chaque surcroît des maux auxquels la Hollande est en proie ; mais la Hollande ne peut s'attendre que ce pays-ci fasse le sacrifice de ses propres intérêts et de son honneur.

La nature de la communication qui a été reçue de la part de M. *Labouchère*, permet à peine que l'on fasse la moindre observation touchant une paix générale ; elle ne fournit pas même un motif à répéter les sentimens que le Gouvernement anglais a si souvent déclarés sur cette matière. On peut néanmoins remarquer que le Gouvernement français n'a pas manifesté le moindre symptôme d'une disposition à faire la paix, ou à se départir en aucune manière des prétentions qui jusqu'ici ont rendu inutile la bonne volonté du Gouvernement anglais pour terminer la guerre.

La même observation peut s'appliquer à la conduite du Gouvernement français dans la guerre qu'il fait au commerce ; guerre dans laquelle il a été l'agresseur, et qu'il poursuit avec un acharnement qui ne se dément pas un instant. C'est à tort que, dans la note remise par M. *Labouchère*, il est dit que les ordres du Conseil d'Angleterre ont donné lieu aux décrets français contre la navigation du commerce des neutres : les ordres du Conseil n'ont point été le motif, mais la conséquence des décrets français. Les décrets français sont encore en vigueur, nulle mesure n'a été prise pour leur rappel. Il n'est point raisonnable de s'attendre que nous nous relâchions en aucune manière des mesures de défense personnelle que commande notre sûreté, et qui puissent nous mettre à l'abri des attaques de l'ennemi, parce que lui-même souffre par suite des mesures qu'il a prises, et cependant ne témoigne aucune disposition à s'en relâcher.

Sans signature.

N.° 4.

Compte rendu par M. Labouchère.

Londres, le 12 Février 1810.

LE soussigné ayant reçu de LL. EE. les ministres la mission de se rendre en Angleterre avec des instructions écrites sur la marche à tenir pour communiquer au Gouvernement anglais la position de la Hollande, et de lui insinuer les moyens qui paraissaient les plus capables de détourner le sort qui menaçait le pays, s'est de suite rendu à la Brielle. Arrivé le 2 février, il en est reparti le 3, a mis pied à terre à Yarmouth le 5 au soir, s'est de suite mis en route pour Londres et y est arrivé le 6 au soir. Dès le 7 au matin, il a fait demander audience à M. le marquis *de Wellesley*, ministre des affaires étrangères, qui la lui a accordée pour le même jour à cinq heures et demie. Après avoir commencé à son Exc. la teneur de ses instructions et discuté à fond la question principale, il a quitté le ministre avec la promesse qu'il mettrait ses communications devant le Conseil, et lui ferait connaître le résultat de ses communications.

N'ayant pas reçu d'intimation de son Exc. jusqu'au 11, le soussigné adressa quelques lignes au ministre pour le solliciter de le mettre à même de donner quelques avis ou indices des idées et des dispositions du Gouvernement anglais par une occasion sur son départ. En conséquence, il reçut, le 12 au matin, une invitation pour le même jour à neuf heures du soir, à laquelle il s'est rendu, et il y a reçu une communication non officielle ni signée, dont copie ci-jointe.

Dans cette nouvelle conférence, il a été question du degré de probabilité qu'il pouvait y avoir dans aucun cas, que ces premières démarches, quelle que fût la conduite du ministère britannique, amenassent des idées de rapprochement de la part de la France; et sur-tout de l'inconvenance qu'il y aurait pour l'Angleterre d'admettre en principe, qu'ayant une fois pris des mesures de représailles, comme le ministre les dénomme, celles-ci dussent de nécessité cesser avec les causes qui les avaient amenées.

Il a paru que le ministère anglais attache infiniment de poids et d'importance à ces mêmes ordres du conseil, qui forment l'objet immédiat de la démarche du Gouvernement de Hollande, et que, soit que la France en convienne ou non, le ministère est convaincu qu'il n'y a pas de moyen plus efficace d'énerver les ressources de la France. En effet, ces mesures semblent former la base fondamentale du système sur lequel le ministère actuel fonde tous ses principes et toute sa conduite, et il semblerait que, tant que pourra durer la guerre, ce n'est que d'un changement de ministère que l'on pourrait attendre d'autres mesures et d'autres vues.

Le ministre a ensuite considéré que, tandis que, d'un côté, il était extrêmement incertain si aucune déclaration ou même concession de sa part amenerait des changemens utiles, de l'autre, il serait toujours impossible de compter sur leur stabilité, et que, dans tous les cas, toute marche qui lui paraîtrait incompatible avec son honneur et sa dignité, demeurait proscrite par le fait même, alors qu'elle semblerait se concilier avec ses intérêts.

Le soussigné a tâché de convaincre le ministre que, dans cette circonstance particulière, l'intérêt général bien entendu, et la prospérité permanente de tout État commerçant, exigeaient impérieusement de ne pas regarder avec indifférence la crise dans laquelle se trouve la Hollande, de coopérer, au contraire, à détourner l'orage. Il s'est même retranché à ne demander qu'une déclaration conditionnelle; mais le résultat qu'il transmet, est le seul auquel il ait pu parvenir. Son observation générale et les renseignemens qu'il a pu recueillir, conduisent aux conditions suivantes :

Que la question principale de paix ou de guerre n'occupe qu'imparfaitement l'esprit du public, que l'habitude le réconcilie avec la continuation de la guerre, et que les conséquences, loin de s'en faire ressentir maintenant, sont plutôt favorables à l'intérêt particulier;

Que le système des restrictions commerciales est inhérent au ministère actuel, et, par la même raison, est l'objet de la critique de l'opposition; qu'il est donc vraisemblable que, pour le moment, on continuera d'agir, du plus au moins, d'après ces restrictions, tant vis-à-vis de l'Amérique que de toutes les autres puissances;

Que le ministère anglais considère une ferme adhésion à ce système comme le meilleur moyen d'affecter sérieusement les ressources de la France, et de combattre son système d'influence sur le continent, et que toutes tentatives de la part de nations ennemies

ennemies pour le ramener à d'autres idées, ne produiront probablement qu'un effet contraire;

Que cependant il ne faut pas en inférer une résolution fixe de repousser toute proposition de paix : peut-être même qu'il s'imagine que c'est la voie d'amener le plus promptement la France à s'occuper sérieusement de quelques moyens d'opérer un rapprochement; peut-être encore que, si ceci avait lieu, il se montrerait facile sous bien des rapports; mais plutôt que cela se fonde sur la conviction que, dans ce moment, le Gouvernement français n'a aucunes vues sérieuses de paix qui puissent s'accorder avec les principes avoués du Gouvernement anglais, et qu'il s'occupe uniquement à poursuivre ses dispositions quant à l'Espagne et au Portugal, lesquelles dispositions seront toujours l'obstacle le plus sérieux au succès de toutes les négociations qui pourraient s'entamer;

Que dans l'ensemble des considérations du jour, celles qui concernent la Hollande, n'entrent que comme extrêmement secondaires, et que l'idée de l'impossibilité qu'aucune convention relative à ce pays pût jamais, sous l'influence de la France, présenter aucune chance de sûreté pour l'Angleterre, à moins d'être liée à une question générale, émousse tout l'intérêt que d'ailleurs ce pays par lui-même ne manquerait pas d'inspirer, au point même de ne pas donner accès aux motifs extrêmement importans qui devraient déterminer à considérer cette question séparément, et sous un point de vue immédiat.

Le soussigné n'apercevant, dans cet état de choses, nulle chance de succès dans les démarches ultérieures que le Gouvernement de Hollande pourrait être tenté d'essayer, à moins que ces démarches ne se trouvent spécialement appuyées par la France, et qu'ainsi, quant à ce pays, son sort se trouve entièrement lié à la question de la

G

paix générale, il croit, conformément à la teneur de ses instructions, ne pas devoir prolonger inutilement son séjour dans ce pays.

En conséquence, il se propose de se remettre en mer sous peu de jours ; et dès son arrivée, il aura l'honneur de se présenter chez LL. Exc. les ministres, afin de leur rendre verbalement un compte ultérieur et détaillé de tout ce qui a rapport à la mission dont ils l'ont chargé, et qu'il a tâché de remplir avec tout le zèle et la sollicitude que l'importance du sujet ne pouvait manquer de lui inspirer. Il prie, en attendant, LL. Exc. d'agréer l'assurance de son respect.

Signé LABOUCHÈRE.

www.ingramcontent.com/pod-product-compliance
Lightning Source LLC
LaVergne TN
LVHW020047090426
835510LV00040B/1449